諷詩調詩集 · 490

풍간시초 · 6

박진환 제542시집

지성감성의 메타언어
조선문학사시인선.1003

諷詩調詩集 · 490

풍간시초(諷諫詩抄) · 6

조선문학사

■ 책머리에

600권의 시집에 가 닿고 싶다

　이번 풍시조시집은 『풍간시초(諷諫詩抄)』란 타이틀로 『책선시초(責善詩抄)』 이후에 쓴 풍시조 2,800편을 100편씩 28권의 시집에 나누어 묶었다.

　타이틀 풍간(諷諫)이란 말은 '살며시 나무라는 뜻을 붙이어 비유로 남을 깨우친다'는 말이다. 바꾸어 풀이하면 잘못을 비유로써 깨우친다 함이니 시로써 징벌하는, 문화적으론 선에 이바지함쯤이 된다. 풍시조 식으로는 악에 감행하는 시의 복수도 되고, 복수의 시가 되기도 한다. 그리고 악에 감행한 문화적 징벌이니 선에 이바지하는 개선(改善)의 의도쯤이 된다.

　시대·세태·현실에서 자행되고 있는 부조리·비리·악행과 같은 시대적 병리를 비유로써 일깨워줌으로써 선을 일으켜 세우려는 문화적 행위쯤이 된다.

풍시조가 악의 교정을 통한, 악을 징벌함으로써 선을 일으켜 세우고자 하는 선에의 봉사라는 점에서 '순수한 통장'의 감행이라고도 할 수 있다.

나름의 풍시조 시에 대한 신념에 충실하고자 하고 앞으로 중단됨이 없이 더 써서 600권의 시집에 가 닿고 싶다.

2025년 仲秋
저자

박진환 제542시집 / 諷詩調詩集 · 490

풍간시초 · 6

차례

책머리에_600권의 시집에 가 닿고 싶다 / 5

2025년 6월 2일
점쳐져서 / 13
'덜'이었던 것을 / 14
마련이어서 / 15
끼어들었구나 / 16
있어 / 17
정치문답 / 18
터득되는 것을 / 19
상쇄해야 할 듯 / 20
얼굴 들이밀 수 있겠나 / 21
형제뻘이어서 / 22
꼬레 / 23
친중이면 어때서 / 24
구리지 않은 말 없고 / 25
한국교육 / 26
독이 돼 죽고 / 27

2025년 6월 3일
고고고 / 28
복당(福堂)으로 / 29
교장 자격 있고 / 30
등식 성립 / 31
악의 불씨 될 수도 / 32
말씀은 못 들어서 / 33
들어있을 듯 / 34
상식에도 못 미치는 꽃 / 35
꽃나무도 있던가 / 36
제초제라도 뿌려야 / 37
상치(上治) 택해야 / 38
해서 / 39
천사가 나타난다 / 40
있을 뿐이다 / 41
흡사해서 / 42

2025년 6월 4일
화해했으면 / 43
복수이고 싶다 / 44
덕치시대 열길 / 45
제거돼 있음이다 / 46
총탄을 팔아먹는 악 / 47
악마와 손을 잡게 된다 / 48

소이가 이러하다 / 49
소이다 / 50
악마 자체다 / 51
배설물이어서 / 52
절교할 일 또한 없어서 / 53
독하고 구리지 않겠는가 / 54
양언(佯言)이어서 / 55
독이 된다는 사실 / 56
혀 둘 달린 것이 뭐더라 / 57
겉을 가리기 때문이다 / 58

2025년 6월 5일
처음 써본 것 같구나 / 59
언제쯤 실감할지 / 60
돼·돼·돼 / 61
구걸은 지양해야 / 62
그게 미래 / 63
임해야 / 64
될 수 있어서 / 65
시끄럽게시리 / 66
이럴 때 써야 / 67
샌드위치 면하길 희망 / 68
떠오르는 한 컷 / 69
곱게 늙고 싶을 뿐이어서 / 70

듯싶어서 / 71
우리가 되는 일 / 72
통합 / 73
그리되지요 / 74
답습만 없다면 / 75

2025년 6월 6일
술맛 날랑가 / 76
민주 메뉴 아니어서 / 77
다스려야 / 78
미몽(迷夢)이어서 / 79
굴려버리면? / 80
앞으로도 없어 / 81
포승줄에 묶일지 / 82
다스릴 줄 알아야 하는 자리 / 83
아픈 동맹이다 / 84
임해야 / 85
뒷걸음질만 해서 / 86
주인 행세만 해서 / 87
한 권의 시집도 꽂혀 있을지? / 88
꿈꼬대 못 면하는 이도 있지만 / 89
술꼬대인 것을 / 90

2025년 6월 7일

모두도 우리도 있어서 / 91
덕치(德治) / 92
가 닿는 / 93
협치 실현 목전 / 94
그림의 떡 / 95
정치란 뜻 / 96
깨닫지 못해서 / 97
믿음과 함께 / 98
덕밖엔 / 99
높은 자리에만 길들여져서 / 100
말씀이시 / 101
선을 위해 봉사하는 / 102
힘이 덕이 됨의 소이다 / 103
역지위덕(力之爲德) / 104
압제일밖에 / 105
선과 악인 것을 / 106
최소한 상할 일은 없을 듯 / 107
살깨나 찌겠네 / 108
자랑 좀 해야 / 109
자부월족 될 수도 / 110
지혜의 막다름 / 111
감춰도 드러나는 것을 / 112

■ 시집 평설을 대신해서_諷詩調에 대한 사계의 견해
　　　　三行詩의 안팎_문덕수 / 113
知的調律에 의한 시 意味의 密度와 結晶度_성찬경 / 122
　　　　諷詩調의 깃발과 風向_김용직 / 128
　　박진환의 3행 '諷詩調'에 대하여_최원규 / 131
　　　　　　　풍시조 읽기_문효치 / 136
諷詩調에 나타난 형이상시법의 수사법_최규철 / 140

2025년 6월 2일

점쳐져서

대선판 굳히려는 이재명에, 판 흔들려는 김문수 했던데
흔드는 힘은 국힘인데 굳히는 힘은 민주여서, 어느 쪽이
더 대승차원인가? 차원 따지지 않아도 대의명분만으로도 점쳐져서

'덜'이었던 것을

'덜 먹고, '덜 입고, '덜 꾸미고, '덜'이 주어던데, 생각나네
"아끼지 않고 모을 수 없다"는 말, '덜'과 '아끼다'는 표현은 달라도
축소지향의 뜻으로 동류항이어서, 아내의 경제철학이 '덜'이었던것을

마련이어서

미 국방 '중 억제가 최우선'이라며 동맹국에 '국방비 대폭 증액' 요구
결국 보따리 풀어놓은 게 '방위비증액', 받아내려는쪽과 못 내놓겠다
버티기 줄다리기, 힘센 놈이 이끄는 대로 끌려가기 마련이어서

끼어들었구나

윤석열, 전광훈 집회 통해 "김문수에 힘 몰아 달라"
이에 대해 국힘 "얼씬도 말라"며 '선거 망치려 작심했냐'고
맹비난, 그렇구나, 얼씬도 하지 말라에 전광훈 집회에 끼어들었구나

있어

이준석, 김문수 후보에 투표하는 표는 '윤석열에게 투표하는 표'라며 '과거의 폭군 윤석열 막아서고, 독재자가 되려고 하는 이재명도 막아내자'고 여기서 맞고 저기서 맞고 동네북인가? 누가? 있어

정치문답

김문수 교육 파트너 '대한교조', 리박스쿨과 '동고동락 관계'라 했데
헌데 당사자는 '모른다' 말 잘했지, 안다 했던들 그나마 부족한 표
남아있겠나, 불리할 땐 '모른다', 유리할 땐 '안다'가 명답인 정치문답

터득되는 것을

'2030은 소득 줄어 못 쓰고, 60대는 아끼느라 안 써' 했데
어찌 안 쓰고 살겠나, 소비가 미덕인 물신시대에, 다만
'덜 경제학' 터득하며 절장보단의 지혜도 터득되는 것을

※ 절장보단(絶長補短) : 긴 것을 잘라다 짧은 것에 보탠다 함이니 조절의
묘미를 두고 한 말

상쇄해야 할 듯

'체코원전 수주, 되레 한국에 손실 우려' 제기했데
손익계산 외면하고, 정치계산 앞세웠던 듯, 이제라도
알았으면 됐네, 비싼 교육비 지출했다로 아픔 상쇄해야 할 듯

얼굴 들이밀 수 있겠나

낯 두꺼운 파면 대통령들 했던데, 틀린 말 아니오나 달리 표현할 수도, 낯이 두꺼운 게 아니라 아예 낯이 없는 민낯, 민낯 아니고서야 어찌 파면 가리고 대선판에 얼굴 들이밀 수 있겠나

형제뻘이어서

문제는 들이미는 얼굴도 문제지만, 받아주는 쪽이 더 문제
국민 배신해 파면된 위인을 받아들이는 민낯 아닌
못난 국민들이 더 문제, 허긴 민낯이나 못난이가 형제뻘이어서

꼬레

꼴, 꼴값 꼬락서니, 꼬라지, 꼬자 들어가는 것치고 이마 찡그리게 하지 않는 게 없어서, 꼬레·꼬레아·코리아로 된소리 순한소리로 바꾼다고 달라지겠나, 꼴값 떠는 꼬레

친중이면 어때서

'친중이라는 잠꼬대' 했던데, 친미에 잘 길들여지다 보면
중에 눈길만 주어도 친중으로 보여, 외교에선 이를 두고 iPien tao라
하지, 편향된 외교 사시가 문제지, 친중이면 어때서

구리지 않은 말 없고

'더러운 말'과 '부끄러운 말' 했던데, 더러운 말이면 부끄러운 말이고
부끄러운 말치고 아름다운 말 있던가, 문제는 둘다 말많은 소인배 말
　　군자는 말이 없거든, 소인배 말 치고 구리지 않은 말 없고

한국교육

리박스쿨·늘봄학교가 연결고리 걸고 있는 모양이데, 뉴라이트
본적지로는 부족했나, 댓글부대 발신지 역할도 마다 안 해서
교육은 백년대계라던데 날마다 터지느니 사고뿐인 한국교육

독이 돼 죽고

한국방위비 압박이란 큰 상 받아논 밥상된 모양이데
성찬은 분수 밖이어서 바라지 않지만 물리칠 수 없는 밥상이
방위비 증액 성찬이어서, 안 먹으면 굶어 죽고, 먹자니 독이 돼 죽고

2025년 6월 3일

고고고

선거끝난 6월 4일부터 '필요한일' 제시아닌 제기했던데, 각각 다를듯 국민들은 평상심 회복 일상으로 돌아가고, 내란수괴는 복당으로 끌려가고, 승리자는 내란 세력 뿌리째 뽑아버려야 하고, 고고고

복당(福堂)으로

고고고, 어디로 가느냐고? 각자 맡은 주어진 일터로
학생은 학교로, 공무원은 관공서로, 국회의원은 국회로
내란 세력은? 기다리고 있는 복당으로

교장 자격 있고

게이트 비화하는 '리박스쿨' 의혹, 교육부장관 알았을까? 몰랐을까?
하버드대보다 더 유명한 학교를 장관이 몰랐다면? 장관
자격 없고, 알았다면 늘봄학교 교장 자격 있고

등식 성립

내란 청산과 국가 정상화 했던데, 진맥 잘 짚었네
내란 청산 없이는 국가 정상화도 없어, 해서 이치대로라면
내란 싹 쓸어내 청소해야 정상 국가 된다는 등식 성립

악의 불씨 될 수도

그러려면 대통령실에 부속 청소부 따로 둬야, 대통령이 장관직 겸한
내란 대청소, 물로 안 되면 하이타이로, 하이타이로도 안 되면
양잿물이라도 뿌려 닦아내야, 이참에 못 닦아내면 악의 불씨 될 수도

말씀은 못 들어서

    6.3 대선 말·말·말, 그 많은 말 중 참말은 하나 '선거는 총알보다 무섭다', 이보다 더 말씀다운 참말은 '선거는 민주주의의 꽃이란 말, 말은 골백번 들었는데 말씀은 못 들어서

들어있을 듯

총이나 칼이나 악마적 이미지만 앞세운 소이 있을 듯
총칼이란 게 살상용 무기 아니던가, 이 말 뒤에는
'너 죽고 나 살자'는 악마와 손잡고자 한 메시지 들어있을 듯

상식에도 못 미치는 꽃

'민주주의 꽃 선거'란 말, 선거로 꽃 피운단 뜻이 아닌, 꽃씨를 선택한다는 말, 허면 아직 심지도 안 했단 뜻, 꽃씨 심지 않고 싹트나? 싹트지 않고도 꽃 피나? 상식에도 못 미치는 꽃

꽃나무도 있던가

그래도 기다려야, 꽃씨 선택했으면 뿌리고, 뿌려 싹트기 기다리고 꽃 피기 기다리고, 열매 맺기 기다려야, 기다린다고? 기다리기만 하면 열매까지 맺나? 가꿔야지, 가꾸지 않고 크는 꽃나무도 있던가

제초제라도 뿌려야

문제는 심었으면 가꾸기, 헌데 민주주의 토양이 워낙에 박질이어서, 잡초는 무성한데 잡초 속 꽃나무는 성장 부실 잡초 뽑아내야, 호미·삽으로는 안 된다고! 안 되면 제초제라도 뿌려야

상치(上治) 택해야

아닐세, 잡초 뽑으려다 꽃나무 상하면 안 뽑느니만 못해
허면 어떻게? 하치(下治)로 다스릴 수 없으면 상치(上治) 택해야
도치부치(刀治斧治) 하치 버리고 도치덕치(道治德治) 상치 택해야

해서

'윤석열을 기억하며' 했길래 뭔가 했더니 궁금증 싹 가셨어
'기억하면 떠오르느니 치통앓이보다 더 아팠던 통치'뿐, 허니
'기억하며'를 '기억 지우며'로 바꿔야, 악마는 악마를 만든다 해서

천사가 나타난다

영국 격언에 '악마의 말을 하면 틀림없이 악마가 나타난다'란 말이 있다, 윤석열을 기억하면 윤석열이 나타난다, 반대로 지우면 노무현이 나타난다, 해서 하는 말 악마를 지우면 천사가 나타난다

있을 뿐이다

코리언의 반은 천사편이고 반은 악마편이다, 악마와 천사는 신에 의해 가려진다, 헌데, 코리아엔 신이 없다, 고로 악마도 천사도 없다, 왕왕(王王) 킹킹(king king)만 있을 뿐이다

흡사해서

왕왕(王王) 킹킹(king king), 앰뷸런스는 굉음보다 더 시끄러운
시끄러움 속에서 더 잘 들을 수 있는 말씀 아닌 소리
왕왕 킹킹이 이전투구판 물고 물려 내지르는 소리와 흡사해서

2025년 6월 4일

화해했으면

그간 풍시조로 감행한 복수는 정치를 향한 비수, 투창이었고 총탄이었고, 폭탄이었다. 특히 윤석열의 도치부치(刀治斧治)와 거부권 시행령에 감행한 복수는 극단, 새정권과는 화해했으면

복수이고 싶다

내란심판을 기치로내걸고 앞장선 이재명 21대 대통령에 당선 대통령이란 호칭과 함께 축하하고 축하에 값해 주시길 기대, 내 풍시조도 정치가 아닌 부조리·비리와 같은 악에 감행하는 복수이고 싶다

덕치시대 열길

내란수괴 윤석열이 새 시대 열어주는 1등 공신 될 줄이야
그 어리석음, 독선·오기·고집·하치 없었던들 불가했을
21대 대통령 탄생, 도치부치 하치 버리고 상치 덕치시대 열길

제거돼 있음이다

정치의 악마성은 '너 죽고 나 살자'는 싸움 때문이다
살기 위해 상대를 죽여야 하는 악이 정치의 속성이고
둘 다 공생할 수 있는 선이 정치생리에는 제거돼 있음이다

총탄을 팔아먹는 악

진정한 악은 전쟁이다. 정치판의 '너 죽고 나 살자'는 양반 전쟁의 살상·학살은 악마와 손잡지 않고는 저지를 수 없는 악 중의 악 최악이다. 이보다 더 악은 전쟁에 총탄을 팔아먹는 악

악마와 손을 잡게 된다

팔아야 이익을 챙기는 전쟁 뒤에서 작용하는 검은 손, 그걸 패권이라 자랑하며 힘으로 과시하고 행위화하는 악행, 힘이란 잘 쓰면 약자와 손을 잡기도 하지만 잘못 쓰면 악마와 손을 잡게 된다

소이가 이러하다

중동전쟁, 러·우 전쟁과 같은 전선은 시체로 담을 쌓는다 악마들이 조성한 공동묘지이고 악마와 함께 구축한 지옥이다, 악마를 따라가면 지옥에 이르는 소이가 이러하다

소이다

악마가 존재하는 한 지구촌은 지옥이다. 천사는 천상계에 있고 악마는 지상에 있기 때문이다. 지상에 전쟁이 끊이지 않는 것은 지상이 악마가 지배하는 지옥이기 때문이다. 악이 창궐하는 소이다

악마 자체다

해서 천사는 형이상적 존재이고 악마는 형이학적 존재이다
천상계가 천당이고 지옥이 지상인 소이가 이러하다
우리들은 모두가 악마의 자손이고 소이로 해서 악마 자체다

배설물이어서

어째서 악악대며 사는 줄 아시는가, 사전엔 악악(諤諤)을
거리낌 없이 바른말을 하는 모양이라 했던데, 바른말도 있던가
설혹 있다 해도 말이란 게 머리의 항문으로 배설한 배설물이어서

절교할 일 또한 없어서

상상해 보시게나 악악대는 모습을, 소릿값으로 치면 악악은
서로 욕을 하며 싸우는 악다구니와 다르지 않아서 교절불출악성
군자의 도라고? 군자도 있던가, 없으니 절교할 일 또한 없어서

※ 교절불출악성(交絶不出惡聲) : 군자는 절교한 뒤에도 그 사람의 욕을
아니한다는 사기(史記)의 말

독하고 구리지 않겠는가

욕을 나쁜 사람의 위안이라 했던가, 나쁜 사람이면 악인 좋은 사람이면 선인, 문제는 전자가 지배해 버린 세상, 악마들이 위안 삼아 내뱉는 것이 욕이니 어찌 독하고 구리지 않겠는가

양언(佯言)이어서

 지나갔으니 하는 말이네만, 대선 때 그 많던 말·말·말, 군자가 있었던들 그리 헐뜯고, 물어뜯어 피흘리게 했겠나, 그것도 참말보다 거짓말이 더 많은 양언, 양언이 양언(良言) 아닌 양언(佯言)이어서

※ 양언(佯言) : 거짓말을 달리 일컫는 말

독이 된다는 사실

문제는 앙언이 악마들의 귀에는 달콤하고 참마로 들린다는 사실
악마들을 속이려면 당의정처럼 꿀맛으로 포장해야, 문제는
꿀맛엔 예외 없이 독침이 들어 있어 독이 된다는 사실

혀 둘 달린 것이 뭐더라

사실이 이러하면 속임수 거짓말엔 무엇이 들어 있을까
악마의 혀가 들어 있지, 그것도 하나가 아닌 한 입에 두 혀
그렇구나, 혀 둘 달린 것이 뭐더라

겉을 가리기 때문이다

거짓말쟁이는 악마의 옷을 입고 있다 했던가, 천사의 옷은 순백의 비단옷이다, 이에 비해 악마의 옷은 겉과 달리 온통 비단을 두르고 있다, 악마의 속임수가 검은 겉을 가리기 때문이다

2025년 6월 5일

처음 써본 것 같구나

이재명 대통령 '국민을 섬기는 모두의 대통령' 되겠다, 모든 국민이 존경하고, 신뢰하고, 자랑스럽게 여기는 '우리의 대통령' 돼야

아하, '우리 대통령'이란 말 처음 써본 것 같구나

언제쯤 실감할지

'우리', 너와 내가 아닌 둘이 합쳐진, 그리하여 하나가 되는
우리라는 합일체, 공동체, 통합체만이 즉자를 극복하는
극복하여 필연이 되는 우리, '우리 대통령' 언제쯤 실감할지

돼 · 돼 · 돼

우리 이루어지면 '너 죽고 나 살자'는 대립도, 갈등도, 분란도 극복돼
하나가 돼야 공동체 의식, 상생·공생의 더불어사는 세상 돼
그런 세상 돼야 '이것도 나라냐'가 '우리나라' 돼

구걸은 지양해야

'실리외교' 했던데, iPien tao 지양, 극복하면 실리도 이어져
편향외교는 반드시 보상 요구하는 대가성에 묶이게 돼
G2 사이에 낀 샌드위치가 아닌 풀죽 먹을지라도 구걸은 지양해야

그게 미래

풀죽 먹고, 보리밥 먹어도 손 내밀지 않는 당당함, 힘없고 가난해도 비굴함은 보이지 않는 그런 의연함, yes만이 주어가 아닌 no 할 줄도 아는, 그런 나라 기둥 세우는 일, 당장은 힘들어도 그게 미래

임해야

당장을 모면하기 위해 손 내밀고, 고개 숙이고, 허리 꺾는 비굴함
이젠 자각하고 각성해서 의연하고 당당함으로 바꿔야
비록 남루해도 자존의 십자가 들고 피 흘릴 각오로 임해야

될 수 있어서

제발 제발, 우리 되어 무릎 꿇는 일, 손 비비는 일 부끄럼으로 알고
자존 회복, 주체적 당당함 보여야, 그 길 걸어야 외외탕탕, 국민들이
좇고 따르는 비로소 우리 대통령, 모두의 대통령 될 수 있어서

시끄럽게시리

미, 한국대선 이재명 당선 두고 '중국과 거리를 두라'는 식, 이른바 '안미경중'이니, '한국의명복을빈다'느니, '공산주의자들이한국을접수했다'느니, '한국은 망했다'느니, 허허, 말이여 소리여, 시끄럽게시리

이럴 때 써야

이 대통령, 용산 대통령실을 "무덤 같다" 했던데 틀린 말 아닐 듯
문제는 용산 주인 스스로 무덤을 팠으니, 푸른집으로 옮기면 그뿐
전정부 비험조야 정부생리이니 그러려니하고, 불도저는 이럴때 써야

샌드위치 면하길 희망

초상집된 국힘 지도부 '대선 패배원인으로 계엄 탓, 그걸 이제사 알다니 뒷북치곤 메아리 없어서, 승리 동인 계엄 활용한 민주당은 잔칫집, 국민들은 '잔치국수'보다 '샌드위치 면하길' 희망

떠오르는 한 컷

'시민은 개혁' 외치는데, 아직도 '형님문화' 못 버린 검찰 했데 미처 몰랐네, '형님문화', 어디서 본 듯은 한데, 한켠으로 쭉 도열해 서서 일제히 허리 굽히며 '형님 오셨습니까' 떠오르는 한 컷

곱게 늙고 싶을 뿐이어서

'나는 어떤 노인이 될까?' 했던데, 꿈도 크시지, '어떤'이면
'어떠한' 준말이니 어떻게 되고 싶다는 좋게는 삶에의 도전
나쁘게는 노욕, 아무려면 어떻나, '나는 곱게 늙고 싶을 뿐이어서

듯싶어서

'곱게 늙고 싶다'면 '추하게 늙지 않겠다', 추한 늙음이면 노욕, 옹고집·노탐·노색 등 여러 형태의 늙음이 수반하는 추태 아닐지? 알면 됐고, 추태 안 부리면 '곱게 늙음'일 듯싶어서

우리가 되는 일

'이재명 정부가 역사의 필연이 되려면' 했던데, 필연이면 그리될 수밖에 없음아니던가, 허면 '역사의필연성'은? 역사에 선정, 성군으로 기록되는 일, 기록되기 위해선? 너와 내가 아닌 '우리'가 되는 일

통합

이 대통령이 피력한 '통합', 분화되지 않는 통일체로서의 하나 됨이 아닐지? 하나 됨은 너와 나를 극복하는 일, '너와 나' 극복되면 '우리', 우리가 되는 일, 우리를 찾는 일, 우리로 뭉치는 일이 통합

그리되지요

    이 대통령 '진짜'란 말 즐겨 쓰시데, '가짜'에 대응되는 말이 진짜 아니던가, 거짓이나 위조가 아닌 참됨, 참 나라, 참 대한민국 다스림의 법도 상치(上治)인 도치덕치(道治德治)여야 그리되지요

답습만 없다면

윤석열 계엄, 탓만 할 일 아닌 것이 옳은 정치 깨닫고 실천하게 하는 계기 마련 제공했어, 그 점 높이 살 수는 없지만 참 정치 깨닫게 했으니 상찬감(?) 될 수도, 답습만 없다면

2025년 6월 6일

술맛 날랑가

내란·김건희·채상병 3특권법 국회 통과, 잘한 일
어차피 거르지 않고는 해소할 수 없는 불법 비리여서, 묶은 비리
청산해야 새 정부 새 출발도, 새 술은 새 부대에, 술맛 날랑가

민주 메뉴 아니어서

3특권법 통과 두고 국힘, '이게 무슨 통합이냐'며 거세게 반발
정리할 건 정리한 후에 통합되는 거지, 배제해야 할 것까지 싸잡아
통합하면, 그게 무슨 통합, 잡탕이나 짬뽕이 민주 메뉴 아니어서

다스려야

3.특권법에 이어, 주주에 대한 이사회 충실 의무를 골자로 한
상법도 곧 처리할 것이라 했던데, 법도 법이지만 다스림의
법도도 상법(上法) 도치덕치(道治德治)로 다스려야

미몽(迷夢)이어서

3특권법, 상법 등 줄줄이 현실화되자 "거부해"라며 등잔 당긴 분 있던데, 이를 두고 '미몽 했데, 미몽(美夢)이면 좋았을걸 꿈꼬대 못 면한 꿈에 취해 깨어나지 못한 미몽(迷夢)이어서

굴려버리면?

국힘, 원내대표, 정책위 의장, 비대위원 등 줄사퇴, 친윤·윤핵관 정리하고 거듭 새로 태어나야 그나마 살길, 살길에 걸림돌이면 당연히 치워야, 치워 경관석이라도 되면 좋으련만, 굴려버리면?

앞으로도 없어

상법 개정안, 증권가는 '기대', 재계는 '불만, 법은 만인에게 평등이라 했지만 유·불리 있을 수도, 문제는 어느 계층을 위한 법이 아닌 만인이 환영할 수 있어야, 헌데, 그런 법은 앞으로도 없어

포승줄에 묶일지

불법계엄 당일 체포조 투입 방첩사 장교 증언, "포승줄·수갑 내밀며
이재명 구금 지시받았다"고, 한 겹씩 벗겨지는 불법 계엄 마지막까지
벗겨내야 끝장, 그 끝장에 누가 손 내밀고 포승줄에 묶일지

다스릴 줄 알아야 하는 자리

'대통령의 자리' 했던데, 한마디로 '높다', 다 안다, 등태산이소천하는 잘 모른다, 높을수록 낮은 곳을 볼줄 알아야, 하늘은 낮은소리도 듣는다 안 했던가, 높이로 낮음을 다스릴 줄 알아야 하는자리

※ 등태산이소천하(登太山而小天下) : 높은 곳에 올라가면 다 낮게 보인다 함이니, 높은 자리에 오르면 아랫사람을 하시하거나 무시하기 마련이라는 뜻

아픈 동맹이다

'너무 아픈 동맹은 동맹이 아니다', 아니면? 뭔가? 힘에 의한 '예속이거나 패권에서 자유로울 수 없는 yes에는 보상이 no에는 제재가 가해지는 종속성, 이게 아픈 현실이고 '아픈 동맹'이다

임해야

내란·김건희·채상병 특검으로 구 정권의 비리·얼룩·어둠 싹
 지워버리고 빛의 세계 열어야, 진짜 실현하기 위해선 가짜
청산 먼저 해야, 하치(下治) 그늘 벗겨내고 상치(上治)로 임해야

뒷걸음질만 해서

국힘의 '특검 반대' 두고 '지금도 민심 모른다' 지적했던데
민심도 모르면서 국민은 무슨 국민, 거기다 힘까지, 국힘
내세우려면 앞장서는 국민이 있어야, 헌데 국민은 뒷걸음질만 해서

주인 행세만 해서

'일하는 대통영의 귀환' 했데, '일 잘하는 대통령'도 좋지만 '잘못해 그르치는 대통령'이 더 많아서, 국민의 심부름꾼 국민의 머슴이어야 하는데 거꾸로 상전, 주인 행세만 해서

한 권의 시집도 꽂혀 있을지?

이재명을 만든 100권의 책들 했던데, 이재명의 서재엔 어떤 책들이 꽂혀 있을까? 과연 대통령을 탄생시킨 그런 불간지서도 있을까; 어느 스님은 권하고 싶은 한권의 책 했던데, 한 권의 시집도 꽂혀 있을지?

꿈꼬대 못 면하는 이도 있지만

노무현 전 대통령은 귀향하면서 "시나 쓰며 살고 싶다" 했었지
옛 분들도 야인으로 물러서면 글을 쓰고 덕을 쌓으며 하야를 즐겼다
그중엔 하야하고도 현직인 줄 알고 꿈꼬대 못 면하는 이도 있지만

술꼬대인 것을

모 신문 '그림마당'이란 만화 있길래 들여다봤더니, 옆에는
널브러진 술병, 손에는 술잔 들고 내란·김건희·채상병
특검 "거부해"라는 미몽상태데, 꿈꼬댄 줄 알았더니 술꼬대인 것을

2025년 6월 7일

모두도 우리도 있어서

이재명 정부 들어서자 사법개혁을 비롯한 그간 윤석열 정부 때
거부권에 무산됐던 각종 법안 속도전, 야당 신세가 된
국힘 비난쯤 밀어붙여 정지작업 끝내야 모두도 우리도 있어서

덕치(德治)

첨예한 갈등, 이전투고보다 더한 '너 죽고 나 살자'식 정쟁 극복해야
하나로도 이루어져, 갈등의여지 두고는 우리도, 모두도, 하나도 불가
불가를 가능케 하는 것이 법의 묘미, 그 묘미 찾는 것이 덕치(德治)

가 닿는

덕치(德治)라고 덕만 베풀어 방석으로 깔아준다고 되는 것이 아니어서, 하치(下治) 도치부치(刀治斧治) 청산해야 덕치 들어설 토양도 마련되는 법, 힘들고 험난한 이 길 걸어야 가 닿는

협치 실현 목전

국민들이야 그간 치통보다 더 고통스런 통치도 참고 견딜 줄 알아서
   덕치 대신 인지위덕(忍之爲德) 덕목 삼아 통치 극복
  그 덕성 바탕 위에 덕치(德治) 들어서면 협치 실현 목전

그림의 떡

문제는 국민들만 인위지덕 덕성으로 지닌다고 덕 실현 불가
나라님이 덕으로 다스려야 근자열원자래, 정치 덕목 실현 돼
실현 위해서는 왕자무친이 필수, 필수과목 이수 못하면 그림의 떡

※ 근자열원자래(近者悅遠者來) : 덕치로 다스리면 가까이 있는 이 즐겁고
　　　　　　　　　　　멀리 있는 이 돌아온다는 덕치를 두고 한 논어의 말
※ 왕자무친(王者無親) : 비록 왕일지라도 사사로운 정으로 다스려서는 안
　　　된다 함이니 사사로움 버리고 만백성을 위한 대의명분을 좇으란 뜻

정치란 뜻

그림의 떡이란 게 유식하겐 작화정치 아니던가, 그럴듯한 시정방침만 나열해 놓고 실현하지 못한 작문정치(作文政治)에 빗대인, 작화정치는 그럴듯하게그림만 그려놓고 실천못한 정치란 뜻

깨닫지 못해서

기후위기 기후위기 해쌓던데 더 무서운 건 정치위기
작문정치, 작화정치 지양 못하면 산 채로 죽은 목숨 돼
기실 이미 반은 시체인데 그걸 깨닫지 못해서

믿음과 함께

새 정부 들어섰으니 숨통 좀 트일랑가, 트여 심호흡으로
그간의 비위난정도 말끔히 씻어내 정화할 수 있을랑가
심화에 속 끓여 시커메진 숯검정 같은 마음과 함께

덕밖엔

윤석열의 어게인 발길질 해버렸으니 진데 밟은 발목 뽑아
투게더 외치며 어깨 나란히 새 정치 편 향해 걸어가야
국민들 동행하려면 스스로 행렬에 동참해야 힘으론 안 돼, 덕밖엔

높은 자리에만 길들여져서

포덕선화라 했던가, 그간 정치현실에만 눈길 주어 발등의 불만 꺼오다 하늘 쳐다볼 줄 모르는 직립 인간이 돼버렸어, 하늘의 이치, 하늘은 낮은 말도 들을 줄 안다는, 높은 자리에만 길들여져서

※ 포덕선화(布德宣化) : 하늘의 덕을 받들어 세상에 널리 펼친다는 뜻

말씀이시

군자지덕 풍 소인지덕 초 초상지풍필언(君子之德 風 小人之德 草 草上之豊必偃)※ 논어의 명구 눈에 들어오데, 김수영의 시 「풀」 다시 읽어야, 동풍(東風)을 외세 아닌 덕의 힘으로 말씀이시

※ 군자의 덕은 바람이요, 소인의 덕은 풀이라 바람을 맞으면 풀은 반드시 머리를 숙인다.

선을 위해 봉사하는

인지위덕(忍之爲德)만이 덕이던가, 역지위덕(力之爲德)도
덕일 듯싶어서, 힘을 선을 위해서 봉사하면 덕 아니던가
참음과 힘이 덕이 됨의 소이다, 선을 위해 봉사하는

※ 역지위덕(力之爲德) : 힘도 정의나 평화, 선에 이바지하기 위해 봉사하면
덕이 된다 함이니 폭력·무기 아닌 사랑의 실현으로써의 힘을 두고 해본
일종의 조어.

힘이 덕이 됨의 소이다

국제적 패권 봐, 힘자랑에 약자들 울기 마련 아니던가
헌데 힘에 의한 지배가 평화를 위한 봉사로서의 힘이라면
덕 아니던가, 힘이 덕이 됨의 소이다

역지위덕(力之爲德)

 힘 하면 싸움이나 폭력만 떠올리게 하는 것이 패권주의 시대의 인식이다, 헌데 힘으로써 전쟁을 막고, 폭력을 방지하는 힘으로 구사된다면 힘이 덕이 됨 아니던가, 역지위덕(力之爲德)

압제일밖에

'힘없는 정의는 무능하며 정의 없는 힘은 압제다' 명구 아니던가
정의를 실천할 힘을 갖지 못하면 정의는 실현될 수 없는 무능이
될밖에, 정의롭지 못한 힘은 폭력이니 극복시키는 압제일밖에

선과 악인 것을

트럼프의 힘, 푸틴의 힘, 시진핑의 힘이 그러할 듯
정의를 위해 행사하는 힘은 선, 지배를 위한 폭력으로서의
힘은 악, 힘의 두 표정이 선과 악인 것을

2025년 6월 8일

최소한 상할 일은 없을 듯

윤석열 정부의 도치부치(刀治斧治), 한 손엔 칼, 한 손엔 도끼 이재명 정부의 손엔 무엇이 들려 있을까, 도치(刀治) 대신 도치(道治), 부치 대신 덕치(德治) 들었으면 최소한 상할일은 없을듯

살깨나 찌겠네

'상할 일'만 없겠나, 상했던 아픔도 치유될 듯, 아픔 중 고질화됐던 비위난정 치료되면 정치 입맛도 살아나고 정치에 거는 기대 입맛도 회복될 듯, 정치도 생물인데 맛 회복으로 민주화 살깨나 찌겠네

자랑 좀 해야

    그간 빈혈기 못 면했던 통치에 눌려 앓아야 했던 아픔 새 정치 수혈로 살이 찐다면 뚱보 돼도, 과체중의 거구 돼도 후회 안 해, 후회는 무슨, 그간 약골로 살았던 설움 접고 자랑 좀 해야

자부월족 될 수도

행복이란 무엇인가?에 '그것은 충족된 자랑' 했던데, 충족이면
모자람이 없음 아니던가, 조심들 할 것이 아직은 부족함이
더 많은 것을, 자랑 일삼다 자만 되면 자부월족 될 수도

※ 자부월족(自斧刖足) : 제 도끼에 발을 찍힌다 함이니 조심하지 않다간 큰
실수를 하게 된다는 뜻으로 쓰인 말

지혜의 막다름

자만은 자멸을 초래한다 했데, 헤엄 잘 치는 자 물에 빠지고 말 잘 타는 자 말에서 떨어진다고도 했데, 무슨 말을 하고 싶냐고?
'자만은 지혜의 막다름'

감춰도 드러나는 것을

요즘 정치판 논공행상이라도 하듯 자축의 자리 많던데
옛날식으로 치면 개국공신 논공행상쯤에나 해당될 듯
공이란 내세워 자랑하는 것이 아니라 감춰도 드러나는 것을

■ 시집 평설을 대신해서_諷詩調에 대한 사계의 견해

三行詩의 안팎

문덕수(전 예술원 회원)

1.

　박진환의 三行詩Ⅷ『諷詩調』를 읽고 느낀 바가 많지만 다 말할 수는 없을 것 같다. '諷時調'라고 하지 않고 '諷詩調'라고 한 것은 '시조(時調)와는 다른 장르임을 말하는 것이 분명하고, '풍조시(諷調詩)'가 아니라 '풍시조(諷詩調)'라고 한 것은 이와 유사한 다른 장르명의 어순을 따를 필요가 없음을 암시한 것 같다. 어쨌든 '풍시조(諷詩調)'는 다른 누구의 것도 아닌, 바로 박진환의 장르다. 그가 풍시조의 시조요, 창업자다.
　'풍시조(諷詩調)'의 '풍(諷)'은 '풍자(諷刺, satire)'일까. '풍유(諷喩, allegory)'일까(諷諫, 기자(譏刺)라는 말도 있다). 풍(諷)은 '言十風(음)'으로 된 글자인데, 떨리는 소리로 낭독하는 것을 풍송(諷誦)이라고 하고, 바람이 나뭇가지나 이파리를 흔들듯이 사람의 마음을 움직이는 것을 '풍(諷)'이라고 한다. '풍자'는 후자에 해당한다. 그러나 이러니저러니 따질 필요는 없다. '시 작품' 자체가 시론이기 때문이다. '풍시조'의 정체는 박진환의 작품에 있다고 하겠다.

> 달콤한 오수 깨며 띠리링 울리는 벨소리 속 목소리
> 기막힌 부동산 정보 전해 드리려고요
> 너나 기막히세요, 난 귀 열고 매미소리나 벗하리니
> ―「귀 열고」

IT매체들(휴대전화 등)을 통해 부동산 중개업자(복덕방)의 이러한 극성스러운 메시지는 시민들이 역겹도록 경험하고 있는 현실이다. 시도 때도 없는 각종 정보 발신에 시민들이 무방비 속에 시달리는 것은 정보공해라고 할 수 있다. 이 시는 요즘의 이러한 부동산 시장의 상황과 정보공해가 전제되어 있고, 이러한 상황을 어느 정도 공유하고 있는 독자에게만 공감이 절실할 것이다. 풍자건 유머건 간에, 독자의 다양한 지적 교양이 전제된다는 점에서 지성적 활동이라고 할 수 있다 (박진환을 '주지시'의 계열의 중요시인으로 보는 것도 이 때문이다).

2.
왜 3행시일까. 20행, 30행의 장시나 산문시면 안 되는가. 초·중·종장과 같은 3행이지만, 시조의 율조와는 관계가 없다. 종장 '3·5·4·4'와 같은 율조도 지킬 필요가 없다. 음보와도 관계없다. 시조의 3행과 같다는 말도 사실상 난센스다. 그럼에도 3행시로 한 뭔가의 이유가 있지 않을까. 앞에 든 「귀열고」에서 여러 가지 장치를 전지(剪枝)하고 3단논법의 뼈대만 추려 본다.

> 남을 괴롭히는 전화는 받기 싫다(대전제)
> 요즘의 부동산 정보전화도 사람만 괴롭힌다(소전제)
> 그러므로 내게 그런 전화하지 말라(결론)

이와 같은 논리소('화소'라는 말이 있지만 '논리소'라고 해둔다)로 환원시켜 놓고 보면, 「귀열고」는 3단논법의 시상 전개임을 어느 정도는 이해할 수 있다. 상황 제시(대전제, 제1행), 권유나 권고(소전제, 제2행), 거절(결론, 제3행)로 된 3단형이나 구문면에서는 문답형이다. 3단 논법이란 2개 이상의 전제를 제시하고, 거기서 결론을 도출하는 추론형식이다. 2개든 3개든 2행으로 전제를 제시하거나 열거하고, 논리 진행의 반전, 좌절, 총합 등으로 결론을 도출하게 되면 '3단형'이 되지 않을 수 없다. 또 구문상의 '문답형'으로 본다고 하더라도 물음과 답이 각각 1행씩 합해서 2행이 되고, 물음과 대답을 성립하기 위한 전제적 상황 제시가 1행을 차지하면, 이 또한 3행 형식을 취하게 된다.

> 돈 많은 세상에 돈 없이 배고파하는 꼴이나
> 물난리에 물이 없어 목말라 하는 꼴이나
> 사람 중에 사람 없어 정치공황 부황든 꼴이나
> ―「꼴이나 꼴이나」

「꼴이나 꼴이나」도 3단형이긴 하나 논리의 극적 국면(반전, 좌절 등)이 약한, 즉 편평(扁平)한 3단형이다. 더 정확하게 말하면 전제만 3행으로 열거되고 결론이 없는(결론은 독자의 몫으로 남겼다.) 일종의 '나열형'이다. 틀(뼈대)을 추려보면 "풍족 속의 굶주림은 꼴불견이다(제1행), 홍수 속의 갈증은 꼴불견이다(제2행), 인재 귀한 정치 공황은 꼴불견이다(제3행)"의 3단형인데, 대전제·소전제·결론 형이 아니라 단지 전제의 3행 나열에 지나지 않고, 이러한 나열을 총합한 결론은 독자에게 맡겨져 있다. 구문상으로는 '꼴이나가 각행의 끝말로 반복(세 번 반복)되는데 귀납형의 방식이라고 할 수 있다. 대전제를 먼저 제시하는 3단 논법형과는 다르다고 하겠다. 3단형이라고 하더라도 여러 가지 성질의 형식이 있으므로, 여기서는 변죽만 건드려본 정도로 그치겠다.

3.
다음엔 실제 작품을 조금 음미해 본다. 「귀열고」는 「夏夜」와 더불어 박진환의 풍시조 중에서 가장 재미있는 작품인 것 같다. 전형적인 작품이라고 해도 괜찮다.

'기막히다'의 활용형(기막힌, 기막히세요)은 문답의 '고리' 역할을 한다. 부동산중개업자와 시적 주체도 연결시켜준다. 그런데, 대답 부분(제3행)의 '기막히세요'라는 '고리'에는 '기막히다(어떤 일이 하도 어이없거나 엄청나서 질릴 정도이다와 같은 부정적 성질의 의미와, 어떻다고 말할 수 없을 만큼 좋거나 정도가 높다와 같은 긍정적 성질의 의미가 공존한다)와 '귀(耳) 막히다' 등의 의미가 공재해 있고, '귀 막히다'는 뜻의 말은 짐짓 잘못 알아들은 것으로 되어 있다. 이 풍시조의 재미는 '기막히세요'라는 고리에 내재된 다채로운 뉘앙스의 삼중 겹침에 있는 것 같다. 여기에 "너나 기막히세요"라는 독백 형식의 대답에는 "너나 잘하세요"(영화 「친절한 금자씨」의 주인공이 한 말)도 연상되고, 더 지적으로 민감한 독자라면 "사또님 말씀이야 다 우습지"나 "사돈네 남의 말 한다"와 같은 속담도 연상하게 될 것이다. 또 2인칭 대명사 '너'와 높임말인 '기막히세요'는 존대법상 일치하지 않는다. 이러한 문법적 불일치도 미적·풍자적 효과에 한몫 더한다. 말하자면 독자의 지적 수준에 따라 그 웃음과 재미가 증감된다. 아마 이러한 시적 장치의 전부를 담아 뭉뚱그리기에 적합한 가장 간결한 형태가 3행시가 아닐까도 생각된다.

> F킬라를 뿌리듯 이발사가 내 머리에 스프레이를 분무한다
> 내 머리를 모기나 파리 대가리쯤으로 아는 모양이다
> 하긴 싹싹 손 비비고 남의 피나 핥았으니 그럴 법도 하지
> — 「이발소」에서

전제가 되는 부분의 열거를 1행, 2행에 배당하고, 그 전제를 근거로 제3행에서 결론을 도출한 3단형이다. "이발사가 내 머리에 스프레이를 뿌린다(제1행), 나를 모기나 파리로 간주하는 것 같다(제2행), 아첨하고 착취했으니 이발사의 행위는 당연하다(제3행)"는 것이 이 풍조시의 뼈대다. 추린 논리소다. 그러나 이 논리 속에는 의도적 곡해(曲解)와 사회를 향한 우회적 공격이 숨어 있다. 논리 속에 숨은 이 장치의 이해가,

이 풍시조 수용의 전제가 된다.

특히, "싹싹 손 비비고 남의 피나 핥았으니"에서, 1인칭(모기나 파리의 1인칭)인 '나'의 비하(卑下)를 통해서 파리나 모기와 다를 바 없는 자신이 바로 사회의 무고한 사람들에 대한 침입자나 가해자였음을 폭로한다. 자기가 바로 풍자의 칼날에 희생되어야 할 대상이며, 자신의 비하가 공격과 비판을 위한 칼날 갈기의 전제라는 아이러니를 본다. 일종의 도회(韜晦)의 비늘이라고 할까. 새디즘과 매저키즘은 동전의 양면이라는 심리분석도 이 경우에 해당될지?.

> 夏! 정말 덥다, 夜! 시원하다
> 夏夜보다 더 신나고 시원한 것 없을까
> 없긴 왜 없어, 下野란 말 있잖아
> ―「夏夜」전문

「夏夜」는 문답형 중의 자문자답형이다. 독백형 자문자답이다. 두 개의 전제에서 의외의 결론을 끌어낸 3단 형태라고도 할 수 있다. 제1행의 대전제가 그다음의 소전제와 결론인 대답을 가능하게 해준다. 어쨌든 '夏夜'라는 편(pun)과 더불어 박진환식 풍자와 해학의 가장 돋보이는 전형적인 시다. '夏夜'에 내포된 골계미와 풍자성을 분석해 보자.

'하야'라는 시니피앙에는 1)계절로서의 夏夜, 2)'하! 야'라는 반응의 감탄사, 3)하야(下野)라는 시니피에가 겹쳐 있다. 반복하면 시니피앙의 한 덩어리 속의 세 시니피에가 꼬리를 물고 꼬여 메비우스의 띠처럼 회오리친다. 특히 '하야(夏夜:下野)'라는 말이 지닌 풍자성이 시 전체(1행, 2행, 3행)에 삼투되어 방사(放射)한다. 웃음 속에 감추어진 칼날을 보는 것 같아 섬찟하다.

4.
끝으로 풍시조 1편과 외국의 우화 1편을 비교해 볼까 한다. 대상은 둘 다 '중동(中東)'이다.

> 열사의 불 먹고 사는 탓에 제 버릇 못 버려 즐기는 불장난
>   석유까지 불을 뿜어대니 연일 불바다지
> 얼음을 먹어야 식히는데 中東엔 仲冬이 없으니
>   —「仲冬이 없으니·1」

이것은 일종의 '편'이다. 「夏夜」에 비하면 편의 구조도 퍽 단순한 편이다. 페르시아만(아라비아만)의 해변에 '개구리' 한 마리가 햇볕을 쬐고 있는데, '전갈(scorpion)'이 와서 바다 건너 저쪽 언덕까지 등에 태워 건너달라고 부탁한다('전갈'은 몸속 독낭에 못 모양의 독침이 들어 있는 동물이다).

"싫어. 넌 전갈 아냐. 날 찔러 죽이려고"
"바보 같은 소리" 내가 찌르면 너도 죽지만 나도 익사하지 않는가. 잠시 생각한 끝에 개구리가 말한다.
"그렇군. 그럼 내 등에 올라타"

전갈을 등에 태운 개구리가 아라비아 바다를 건너기 시작한다. 바다 복판쯤에 왔을 때, 전갈은 갑자기 독침을 꺼내어 개구리를 찔러 버렸다.

"왜 이래?"

전갈이 대답했다. "여긴 중동(中東)이야."

유머지만, 이것은 '우화'의 형식을 취하고 있다(박진환도 '우화' 쪽으로 발전할지도 모른다). '개구리'는 아라비아만으로 관광 온 유럽인인지도 모른다. 그러나 이 조크에 등장하는 '전갈'과 '개구리'의 본의(本義)가 각각 유럽과 중동 중에서 어느 쪽인가에 따라 작품 전체의 이야기가 달라지고, 공격의 대상도 반대가 된다. 그러면 박진환의 풍시조의 공격 대상은 누구인가. 중동만이라고 할 수 없다. 여기서 해학이건 풍자건 그 속에 감춘 예리한 '날'의 현동화(現動化)가 실은 얼마나 어렵고 미묘한 것인가를 시사한다. 특히 「전갈과 개구리」의 경우, 그 균형(balance) 잡기의 어려움을 실감하게 된다.

나는 오늘의 한국시의 지형도를 그려본 적이 있다. 1)전통과 서정(전통적 서정시), 2)메시지와 관념(관념시, 생태시), 3)이미지와 물리성(언어 이미지시), 4)탈관념의 실험(탈관념시), 5)주지적 처리(주지시) 등이 그것이다. 한국시의 동서남북이라고도 할 수 있다. 우리 시단의 특색 있는 시의 중요한 작품들은 일단 이 지형도로 배열, 배치할 수 있다. 우리 시의 현황이다.

나는 박진환의 최근작(3행의 풍시조)을 주목하면서 '주지시'

의 장르로 보았다. 지금도 나는 이러한 자리매김을 후회하지 않는다. 김춘수는 박진환의 풍시조에 대하여 『하여지향(何如之鄕)』을 쓴 송욱의 '전철'을 밟고 있다고 했지만, 나는 송욱과 '같은 계열'이라고 보지, '전철'이라고는 생각하지 않는다. '풍자의 노끈'으로 송욱과 박진환을 칭칭 묶어 버리는 것도 가능하나, '풍자가 있는 주지(主知)의 토포스' 속에 자리한 박진환의 거처가 지닌 의미의 진폭을 이해할 필요가 있을 것 같다. 풍자, 해학, 펀, 아이러니, 비꼼, 조롱 등은 '주지시'의 자원이긴 하나 이것만이 전부는 아니다. 이러한 주지시는 송욱, 김현승, 김광섭 등을 거쳐 김기림(金起林)의 장시 『기상도(氣象圖)』(1936)에 이른다는 사실을 이해한다면, 주지의 여러 가지 자원이 뭣인가를 짐작할 수 있다. 『기상도』가 지닌 주지적 풍부함의 목록을 일일이 확인할 필요가 없을까.

이야기를 많이 에둘렀다. 다시 「仲冬이 없으니·1」과 「전갈과 개구리」 이야기가 지닌 한 가지 토픽도 주지(主知)가 지닌 여러 가지 목록 중의 하나다. 지성은 억제와 조절에 바탕을 둔 '균형'을 강조한다. 형이상적 존재의 인식, 그 인식이 지닌 초월성의 자기화(自己化)에 의한 시선의 확보, 그 중의 풍자적 시선이 공격 대상을 선정하는 일에 도리없이 참여하는 '균형'은 특히 중요하다. 저울대의 무게와 추가 형평을 이룰 때 '풍자'는 더욱 빛날 것이다.

■ 시집 평설을 대신해서_諷詩調에 대한 사계의 견해

知的調律에 의한 시 意味의 密度와 結晶度
― 『諷詩調』의 창간에 부쳐

성찬경(전 예술원 회원)

문예지 『풍시조(諷詩調)』가 창간되었다. 때는 2008년 초여름이고, 앞으로 계간지로 계속 발간될 것이라는 예고다.

문예지라고 했지만, 문예지치고는 매우 특수한 성격을 지니는 문예다. 우선에 소설은 배제된 시 전문지이지만, 넓은 범위의 시 일반을 싣는 것이 아니라 '풍시조(諷詩調)'란 새로운 시적 유형과 범주에 속하는 시만을 모아서 엮는 시지이니, 이를테면 시단 안에서도 특수 전문지의 성격을 갖는다. 흔히 취미 오락 등을 다룬 잡지에 낚시니 등산이니 바둑 등을 전문으로 다루는 잡지를 보게 되는데, 『諷詩調』는 시 안에서도 독특한 장르만을 대상으로 하는 일종의 전문 시지(詩誌)인 셈이며, 우리나라 시사(詩史)와 시단의 현황이 어언 여기에까지 이르렀는가 하는 감회를 갖게 된다.

여기에서 좀 더 차분히 『諷詩調』의 출현을 지금까지 키워온 그 뿌리와 수맥을 살펴볼 필요가 있다. 말할 것도 없이 이

『諷詩調』의 근본이 되는 자양적 모태는 박진환 시인이 약 30년에 걸쳐서 전개해온 넓은 의미에서의 지성시(知性詩) 운동이다. 박진환 시인은 이러한 지성시의 구체적인 전개방법으로서 '형이상학시'의 기치(旗幟) 아래, 이른바 변용의 시를 추구해온 것은 세상이 다 아는 바다.

변용의 시도 실은 그 개념의 범주가 좁다 할 수는 없다. 더 구체적으로 말하면 시에서의 위트, 컨시트, 또는 펀과 같은 기법을 활용하여 시의 정서적 구조를 지적 구조로 바꾸고, 그럼으로써 시를 의미의 밀도에서 좀 더 경질(硬質)의 것이 되게 하려는 시적 추구를 말한다. 그리고 이것은 그 시적 추구에서 17세기 영국의 '형이상학파' 시인들의 추구와 그 맥이 통한다는 사실도 우리가 알고 있는 바와 같다.

여기에서 박진환 시인의 이러한 시적 추구가 우리 시의 현실적 상황과 어떠한 관계에 있는가 하는 점을 살필 필요가 있다. 현재의 우리 시는 한 마디로 지성이라는 영양소의 결핍 증세가 심한데, 또한 그것을 자각하고 있지도 못하다는 것이 나의 솔직한 판단이다.

시에서 지성이 하는 구실은 일종의 조화 감각이라 할 수 있다. 시가 너무 한쪽에 치우치는 것을 막아주는 감시의 역할을 하는 것이 바로 지성이다. 그래서 시에서 지적 요소가 부족하면 시가 한쪽으로 치우치는 것을 막지 못한다. 시에서 눈물이 너무 많아진다거나, 지나치게 격정에 사로잡힌다거나 정서의 내용이 너무 가냘퍼진다거나, 또는 지나치게 괴기해진다거나 하는 현상이 모두 지성적 작용의 결핍에서 오는 증후라 할 수 있다.
 문예지 『조선문학』을 중심으로 하는 한 무리의 문인들이 문학에서 지성적 구실을 강조하고, 줄기차게 우리 문단에서의 이러한 허점을 보완하고자 한 문학적 공헌에 대한 평가에서 우리는 몰인식과 소극성을 벗어나지 못하고 있는 것이 아닌가 하는 것이 역시 나의 생각이다.
 이번에 발간된 『諷詩調』는 박진환 시인이 벌여온 시운동의 더욱 정제된 결정과도 같은 것이며, 이것을 일종의 '문학적 발명'이라 해야 마땅할 것이라는 생각이 든다.
 어느 시대에 있어서나 문학의 새로운 양식은 그것이 하나의 새로운 발명임을 의미한다. 그리고 진정한 의미에서의 '발명'이라면, 얼핏 보아 아무리 하찮게 보이는 것일지라도, 거기에는 발명자의 많은 시간과 피땀과 노고가 스며있음을 잊어서는 안 된다. 시에 있어서도 마찬가지다. 시의 새로운 체질과 양식과 장르의 발명이 실은 시인들의 끊임없이 노력하고 추구하는 목표이기도 한 것이다.
 '諷詩調'의 출현 역시 결코 하루아침에 이루어진 우발적인 출현이 아님은 말할 것도 없다. 지금까지 박진환 시인이 시도해온 많은 '3행시'와 '諷詩調'가 그 싹이 되어 피어왔음은 물론이다.
 『풍시조(諷詩調)』가 갖는 새로운 체질적 특색을 간단히 살펴보겠다. '諷詩調'가 우리 고유의 전통적 시가의 형식인 '시조(時調)'와 체질적 연관성이 있음은 물론이다. 諷詩調의 구성이 3행으로 돼 있는 점이 초중종 3장으로 돼 있는 시조와 일치한다는 것에서도 이 일을 알 수 있다. 원래 시조의 초중종 3장도 시조보다 더 뿌리 깊다 할 수 있는 동양 고유의 한시(漢詩)의 기승전결에서 나온 것임을 우리는 짐작할 수 있다. 4행 1연을 기본 단위로 하는 기승전결은 사실 동서고금의 모든 시적 감흥의 기본 틀이기도 하다. 다만 시조의 경우 종장에 해당하는 3장에서는 '전(轉)'과 '결(決)'이 한 행에 압축됨으로써 4행의 경우보다도 더욱 극적 효과와 시의 긴장감을 높여주고 있다.

 이와 같이 諷詩調는 시조와 일맥상통하면서도 예술적 감흥을 겨냥하는 데에서는 시조(時調)와 사뭇 다르다. 곧 시조의 시의 뜻을 한자의 때시 '時'에서 글시 '詩'로 바꿔놓은 데서 그 겨냥하는 바를 짐작할 수 있다. 시조(時調)가 그 주제를 시대적 풍습에 맞추려는데 두고 있다면, 諷詩調에서는 시류(時流)를 넘어서는 작품으로서의 시적(詩的) 가치를 높이려는 의도가 숨어 있으며, 이런 점에서 諷詩調는 이른바 순수시(純粹詩)와도 그 방향을 같이 하게 된다.

 '시조(詩調)', 곧 시의 흐름에 또 '풍(諷)' 자가 결합되어 있으니, 이것은 또 어떤 의도를 품고 있는 것일까. 여기에서 '풍(諷)'자는 박진환 시인이 시지의 '창간사'에서도 밝히고 있는 바와 같이 시에 넓은 의미의 풍자성(諷刺性)을 담으려는 의도와 다를 바가 없으니, 이 풍(諷)의 개념에는 시에서 전개할 수 있는 지적 작업 일반의 여러 항목이 두루 포함돼 있으며, 위트, 아이러니, 새타이어, 시니시즘(비꼬움) 등 표현상의 역설적 기법이 종횡으로 등장하게 된다.

그리고 이러한 풍자는 그것이 일종의 지적 응징의 구실을 하게 되는 것이며 이와 같은 응징의 숨은 의도는 바른 사회, 꼴불견인 시류적인 속물(俗物)들이 사라지는 사회, 양식이 통하는 밝은 사회의 출현을 바라보는 것이니, 깊은 뜻에서는 이 풍자의 정신이 곧 인도주의적 염원과도 일치한다는 점을 간과해서는 안 될 것이다.

'諷詩讕'의 보기로서, 박진환 시인이 전, 현직 대통령을 소재로 풍자한 시를 보려 한다.

> 노랗게 노랗게 노자로 시작해서
> 나리나리 개나리 리자로 끝나면 무슨 나리게
> 개나리, 노노노 무식하긴 노나리지
> ―「개나리」

> 이명박 대통령 임기 끝나 퇴임하는 날이 2012년 12월 26일
> 이날에 맞춰 돌아가는 시계가 이명박 시계란다
> 시작이 엊그젠데 퇴임 날 꼽아가며 돌아가는 시계가 있다니
> ―「이명박 퇴임시계」

편과 시니시즘과 새타이어가 2중 3중으로 얽히고 꼬인, 고도로 지적인 시적 작업임을 알 수 있다. 이보다 더 따끔한 응징적 일침이 또 있겠나.

계간지 『諷詩讕』는 이제 막 창간되었기 때문도 있겠지만, 아직 동인지의 성격을 완전히 벗지 못한 느낌도 없지 않아

있다. 앞으로 이런 점도 차츰 보완이 되리라 믿어지며, 이 시지가 잘 성장하여 응분의 구실을 하게 될 것을 나는 축원의 시선으로 바라본다. 그렇다 하더라도 일관성 있는 '지성시'에의 헌신과 노고가 정당한 평가를 받게 되는 날이 우리 시사(詩史)에서 언제 찾아올 것인가.

■ 시집 평설을 대신해서_諷詩調에 대한 사계의 견해

諷詩調의 깃발과 風向
– 새로운 시 운동에 대하여

김용직(전 학술원 회원)

 극히 최근에 그 모습을 드러낸 諷詩調 운동에는 두 가지 정도의 전략이 내장되어 있는 듯 보인다. 그 하나가 독특한 형태양식 해석이며 다른 하나가 현실 상황을 향한 예각적 공격의식이다. 명백히 현대 서정시의 서부(西部)를 개척하려는 의욕으로 시도된 이 시운동은 그러나 그 형식을 3장 6구를 원형으로 한 단형시 제작을 바탕으로 하고 있다. 3장 6구의 단형시라면 우리 머리에는 곧 한국 전통시가 양식인 시조가 떠오른다. 시조는 국민문학파에 의한 개혁운동 이후 새로운 토대를 마련하게 되었다. 이때부터 시조는 고전시가의 인습적인 면을 벗어나 새 시대의 양식이 된 것이다. 諷詩調는 시조의 이런 틀을 이용하려는 듯 보인다.
 諷詩調는 그 의식성향으로 보아 상당히 공격적이며 호전적이기까지 하다. 그 도마 위에는 정치, 경제, 사회, 문화의 문제만이 아니라 개인의 윤리, 도덕적인 사건까지가 가차 없이 올라 난도질당한다. 그런데 많은 경우 諷詩調의 비판, 공격은 예술적 의장을 거치지 않은 가운데 이루어진다. 諷詩調에서 풍(諷)은 수사론에서 풍자를 뜻할 것이며 고전문학의 감각을 곁들이게 되면 풍간(諷諫)과 같은 맥락에서 해석될 말이다. 풍자와 풍간에 역겨운 현실, 아니꼬운 대상을 꼬집고 공격하는 단면이 내포되어 있는 것은 사실이다. 그러나 그런 경우의 비판, 공격은 진술의 형태로 이루어지는 것이 아니라 비유의 형태를 취하는 것이 바람직하다.

풍자문학에서 직접적 언술(言述)이 아니라 간접적인 기법이 이용되는 까닭은 단순하다. 많은 경우 시인이 아니꼽게 생각하는 대상은 한 시대와 사회에서 강한 힘을 가진 개인이거나 집단과 그 부수 형태인 제도나 규범들이다. 그들을 진술의 차원에서 공격하는 경우 작품들은 즉각 압수, 폐기되고 그 제작들은 연행, 구속될 위험에 노출된다. 시와 예술이 노려야 할 것은 이런 자살 특공대식 자기표출이 아니다. 이런 감각이 생산해 낸 전략의 결과가 풍자로 해석되어야 하는 것이다.

諷詩調가 3장 형식을 취한 것에 대해서도 이와 거의 같은 이야기가 가능하다. 諷詩調가 3행시의 형태를 이용한 것은 3행시가 한국 전통 시가를 대표하는 것으로 판단된 결과일 것이다. 새로운 시가운동이 국민문학의 자리에 오른 양식의 특성을 이용하는 것은 슬기로운 일이다. 그러나 이 경우에도 우리는 창작활동에서 기본교의 하나를 기억하고 있어야 한다. 모든 창작활동에서 형태는 묵수될 것이 아니라 새롭게 해석, 개척되어 나가야 한다. 국민문학파의 전례가 가리키는 바와 같이 3장 6구의 시조가 갖는 큰 틀은 긍정적으로 계승될 수 있다. 그러나 그 틀 속에 새로운 시로서의 호흡과 맥박은 끊임없이 재창조되어야 한다.

　우리는 모처럼 시도되는 諷詩調 운동이 한국 현대시의 높은 산맥이 되고 푸른 강줄기를 이루어나가기를 희망한다. 이런 소망이 다소간 비판적인 생각을 토로하게 된 셈이다.

■ 시집 평설을 대신해서_諷詩調에 대한 사계의 견해

박진환의 3행 '諷詩調'에 대하여

최원규(충남대 명예교수)

　최근 지속적으로 왕성하게 발표해온 박진환의 삼행시초 '諷詩調'야말로 괄목할만한 한국적 단형시다. 더구나 시대적 상황이 사회적으로 굵직한 이슈를 던져주었던 전번의 정치적 관심이 우리 모두를 끌어들이는 시기와 맞물렸기 때문이기도 하다. 이미 정권 교체에 따른 권력의 갈등에서 겪은 일이지만 대선과정에서 마지막까지 문제가 되었던 BBK 사건, FTA, 숭례문 복원, 대운하 찬반, 광우병 등으로 인한 촛불 시위 범람이 쓰나미처럼 휩쓸고 지나갔으며 아직도 그 여진이 계속되고 있다.

　이렇게 불안한 계절에 시인은 이들의 갈등과 부조리를 외면하고 추상적인 언어를 기반으로 하는 사회적 연대감에서 벗어나 강 건너 불구경만이 순수의 미덕인가. 마땅히 지식인으로 가치판단이나 문화적 선악에 동참, 선도의 언어가 필요해진 것이 너무 당연하다. 하물며 시는 시인끼리 담을 쌓고 그 속에 안주해 있는 모습에서 벗어나 시민과 동참 동행하는 시민의식이 필요하다.

이미 우리 시의 역사 속에서도 한용운, 이육사, 윤동주 그들의 평가에서 볼 수 있듯이 그들의 시에서 우리의 의지와 나라를 걱정하는 애국시가 용솟음치기도 하였다. 그런 점에서 이 시대 박진환의 諷詩調야말로 우리 시단의 중요한 뇌관을 건드린 사건이라고 판단된다.

諷詩調는 삼행이라는 점에서 시조와 같으나 구조나 형태적 특질이 시조의 틀을 벗어났을 뿐만 아니라 어귀나 비유법의 방법을 시조와 달리한다. 한편 화제가 되고 있는 시대적 상황을 직접적인 논의와 평가를 요구하며, 아이러니, 패러독스, 유머로 수용한다. 요컨대 박진환의 '諷詩調'는 업투데이트한 시대적 사회시를 전제한다. 그러므로 그의 諷詩調는 작중 인물들의 선행이나 악행의 전제를 제시하며 마지막 행에 이르러서는 개선이나 선과 악의 가치판단의 동참을 요구한다.

박진환의 '諷詩調'는 악과 사의 교정을 위한 화해적 개선이라는 점에서 꼬집고, 비꼬고, 깎아내리고, 비아냥하고 비판, 고발, 폭로를 시의 바탕으로 삼되 마지막 의도는 '순수한 통장'을 감행함으로써 풍자시보다는 한 차원 높은 시적 장치를 갖추고 있다는 점에 주목한다.

박진환은 엄격하거나 거창한 테마를 희극적으로 처리하거나 재미와 멸시, 분노와 냉소의 태도를 환기시킴으로써 그것을 약화시키는 기법을 사용한다. '웃음을 무기로 사용하고 작품의 외부에 존재하는 과녁을 겨냥한다. 그 과녁은 개인적인 일일 수 있고, 어떤 계층이나 제도나 국가나 인류 전체에게까지 할 수 있다'라고 전제한다.

요컨대 화자가 단정하는 외견상 주장과 속으로 의도하고 있는 의미가 서로 다른 진술을 할 때 그 진술은 태도나 평가를 명백히 표현하지만 그것과 매우 다른 태도나 평가를 함축하고 있는 것을 포함하는 것이 아이러니의 기술이라고 보았을 때 박진환의 '순수한 통징'을 암시한다. 발음이 같고 흡사하지만 의미는 전혀 다른 같은 소리에 다른 의미를 갖는 말들은 때로 읽는 이에게 가치판단의 격정적인 한편으로 기울게 하기보다 그것을 유보하며 역지사지(易地思之)의 공평성을 유발시키고 화해성을 유도한다.

박진환은 시적인 재담(equivoque)도 있고 때로 언어유희(pun)도 있지만, 그것들은 읽는 이로 하여금 간담이 서늘해지는 경지까지 유발한다. 때로는 '삶 속의 죽음'이나 '쾌락의 고통', '사랑의 증오'들처럼 메타피지컬포에트(Metaphysical poets)들이 사용한 흔적에 영향되었다고 할 수 있으나 박진환의 경우 경고성의 환기에 더 치중함을 볼 수 있다.

마침내 풍(諷), 시(詩), 조(謿) 각개의 문자 의미의 내부를 탐색할 때 모두 언(言) 말씀이 들어있다. 말씀[言]은 글[文]과 구별된다. 글은 논리와 절제를 요구하지만 말[言]은 흘러가는 물과 같이 지형이나 지세에 따라 형태가 변하며 응집한다. 그러므로 흐름의 방향은 같지만 물줄기는 즉흥적이며 당대의 상황에 따라 전변한다.

말씀[言]은 바람[風]과 절[寺]과 두루할 주(周)를 더하여 동서남북, 종횡무진, 당대를 섭렵한다. 그리하여 박진환의 '諷詩調'는 마침내 세상사의 이야깃거리의 중심부에서 주제할 수 있는 정세의 총화와 전환을 암시한다.

박진환의 諷詩調가 꼭 3행이어야 하는가의 문제에 대하여 신중히 생각해야 한다. 다만 어느 민족이고 그 민족의 정서적 흡인력에 의하여 자연 발생적으로 생겨난 정형적 틀이 있어 왔다. 가령 당시(唐詩)의 4언 또는 7언 절시나 영시의 4행시(quatrain), 이행연귀(couplet), 14행시(sonnet) 모두 각운 구조로 결합된 강약음보격의 시행으로 되어 단일시귀(stanja)의 서정시인데 우리의 고유 문학형태의 시형(시조)들이 3장 6귀의 원칙을 고수한 것은 민족적인 고유성과 기풍(Ethos)에 의한 것이라고 믿는다. 다만 박진환의 경우 꼭 우리의 시조를 의식한 3행시는 아니지만(사실 시조와는 그 정형시로 의미구조의 잣대에 맞지 않음) 정형시로서 규율에 맞는 것이 아닌 자유시로서의 의미를 더욱 확대한다.

외형상 3행시로 처리한 것은 압축과 긴장미의 효과를 살리며 음수율에서 체험할 수 없는 탄력을 보여준다.

그리하여 3행시는 우리에게 낯익고 우리 말의 생태적 관습의 순리에 수용된다. 또한 시의 자연스런 형태의 공감이 일반화되었기에 박진환 삼행시가 우리 시단의 충격파를 더해 간다고 생각된다. 그의 3행 諷詩調의 창출은 우리 시문학사의 새로운 원형을 배가시킨 원동력이 될 것이며, 한편 시적 표현 미학에서 잡다한 외래적 수용의 난맥상을 제압하는 데 주요한 길잡이가 될 것이다.

박진환의 3행 '諷詩諷'는 시조(時調)와 동자이의어(同字異義語)로 우리에게 새로운 정형성의 모델을 제시한다. 그러므로 우리 현대시가 지닌 무모한 율격이나 시적 주제의 미숙성 또는 혼미성을 극복하는 데 따른 주제시로서 확실한 언덕이 형성된 셈이다.

■ 시집 평설을 대신해서_諷詩調에 대한 사계의 견해

풍시조 읽기

문효치(전 문협 이사장)

　박진환 시인의 諷詩調를 읽었다　풍시조(諷詩調)라는 낯선 이름에 대하여 저자는 풍자시를 줄여 풍시라 하고 거기에 무슨무슨 투나 태도의 뜻으로 죠(죠.調)를 붙였노라고 설명하고 있다. 그러니 諷詩調의 본질은 풍자시일 듯하다.
　우선 재미있다. 식상한 이미지들의 나열이나 아니면 거의 산문화 되어버린 요즘의 시들에 입맛을 잃었는데 이 諷詩調는 매우 신선한 재미를 느끼게 해 준다.
　세상은 부조리와 불합리와 부정 불의 등으로 가득 차 있다. 이러한 세태가 우리를 짜증나게 하고 화나게도 한다. 살맛을 잃게 한다. 정말 살맛을 잃게 하는 재미없는 제재를 박진환 시인은 재미있는 시로 만들고 있다.

　　핵, 우리도 그깐거있어 펑펑터지는 국제특허품 不字標 핵 있어
　　　　불평등·불공평·부조리·부정부패·부동산 투기까지

건들면 폭발하는 순 국산 不字標 핵 있다고, 까불고 있어
―「까불고 있어」 전문

　불평등 불공평 부조리 부정부패 부동산 투기 등 우리사회에 만연한 부정적 요소들, 이것들은 가히 우리 사회를 파괴시킬 만한 위력을 가지고 있다. 정말 심각한 문제다. 이런 사항들을 '不字標핵'으로 둘러댄 그 재치가 재미있다. 그래서 이 시를 보면 일단 웃음이 난다, 진짜 핵을 '그깐거'라고 대수롭지 않은 존재로 봄으로써 '不字標 핵의 위험성을 한껏 고조시켜 놓았다. 내용은 매우 심각한 문제성을 가지고 있지만 표현된 말들은 우리를 재미있게 해 준다.
　'까불고 있어'라는 끝절은 상대방(진짜 핵을 가진 자)에게 눈을 흘기며 짐짓 어깨를 으쓱거리는 모습을 떠올리게 해 준다. 다소 장난기가 보이는 모습을 연상하면서 시인의 재치를 다시 한번 실감케 해 준다.
　이러한 부조리 불합리한 사태를 능란한 솜씨로 비꼬고 농락함으로써 독자들은 후련한 카타르시스를 느낀다. 내가 미처 하지 못한 앙갚음을 대신 갚아 주는 것 같기도 하고 어쩌면 내 심정을 잘 알아주는 것 같기도 하다.
　이 책은 멸시 분노 증오의 정서를, 비꼼 냉소 조소 조롱 역설 등의 언사로 가득 채워 놓았다. 그러나 궁극으로는 교정·교훈의 의지가 숨겨져 있다.

　　뭐라구라우, 사람 낳고 돈 낳제 돈 낳고 사람 낳다구라우

> 허허 이 양반 순 구식이네
> 신식으론 돈 낳고 사람 낳제, 사람 낳고 돈 낳고가 아니여
> ―「뭐라구라우」 전문

돈 낳고 사람 낳은 것은 불변의 진리이다. 그러나 신식으로는 돈 낳고 사람 낳았다고 큰소리친다. 그러나 이것은 역설이다. 화자가 진짜로 하고 싶은 말은 이른바 구식인 '사람 낳고 돈 낳다'는 말이다. 이것이 뒤집힌 세상, 전도된 가치에 대해서 일갈하고 꼬집은 것이다. 그리고 그에 대한 반성과 교정을 꿈꾸고 있는 것이다.

삼행으로 압축한 단아한 모습의 시형에도 주목하고 싶다. 말 그대로 촌철살인의 짤막한 말이 감동을 준다. 요즈음 장황한 수다를 늘어놓는 시들이 범람하면서 이렇게 간결한 시들이 그리워진다.

> 나라님 물러나면 낙향하여 통나무집 짓고 시나 쓰며 살겠단 말
> 아무래도 허사같다. 시는 말을 아끼고 줄이는 언어경영인 것을
> 저리 말이 헤퍼서야 어찌 말의 진수에 닿을 수 있을지
> ―「아무래도 허사 같다」 전문

듣기 좋은 수다로 대중들을 현혹하며 실천보다는 말을 앞세우는 정치인을 비꼬며 질타하고 있지만 한 편 짤막한 시론을 엿볼 수 있는 시다. 그렇다. 시는 '말을 아끼고 줄이는 언어경영'인 것이어서 '말이 헤퍼서'는 안 될 일이다.

삼행은 우리의 눈에 익숙하다. 어려서부터 시조를 읽고 배워왔기 때문이다. 물론 시조의 형식에 맞춰 음수율을 조절한 것은 아니지만 그 속에 기승전결의 구조를 가진 것들이 많은 것도 이해하기 쉬운 대목이다.

지금이 바로 이러한 시들이 필요한 시대인 것 같다. 잡지마다 넘쳐나고 있는 산문조 요설이 시성(詩性)을 잠식하고 있고, 그리고 비꼬고 조롱하고 비난하고 질타해야 될 일들이 많은 세상일수록 그러한 세태를 지적하고 경계하며 교정해야 하기 때문이다. 시가 궁극적으로는 인간을 위하고 옹호하는 것이라면 시가 이러한 일에도 적극 관심을 가져야 할 것으로 생각한다.

■ 시집 평설을 대신해서_諷詩調에 대한 사계의 견해

諷詩調에 나타난 형이상시의 수사법

최규철(시인·문학평론가)

들어가는 말

어느 사회학자는 '농경사회의 삶이 시간 잉여(時間剩餘)의 시대였다면 오늘날과 같은 정보화 사회는 시간 기근(饑饉)의 시대라'했다. 그것은 그 정도로 오늘의 시대가 시간에 쫓기며 살아가는 고속화 시대를 맞이하고 있다는 것이다. 따라서 이러한 고속화 사회에 사는 현대인들의 문학작품에 대한 선호도도 역시 장편소설보다는 단편소설을, 장시보다는 단시를 더 선호하는 경향이 있다. 특히 시에 있어서 현대인들의 구미에 맞는 시는 짧으면서도 그 속에 다분한 내용을 함축함으로써 큰 감동을 주는 시라 하겠다. 이런 시대적 요구에 부응하는 시가 바로 박진환 시인이 착안하고 시운동을 전개하고 있는 諷詩調이다.

諷詩調의 기법은 형이상시의 레토릭(rhetoric)과 흡사한 면이 많다. 컨시트의 기발한 지적 놀라움, 서로 상반된 양극화의 결합과 그 조화, 역설과 반어(反語), 시의 순수한 통징을 통한 내적 울분의 해소와 사회 구조악(構造惡)의 개선 등이 바로 그것이다.

특히 3행시의 짧은 글 속에 함축된 내용과 그 여운을 담기 위해서는 압축적이고 생략적인 구문이 필요하다. 따라서 각 행의 전환 및 반전이 빠르게 전개되는 특색이 있다. 이것은 양극화의 긴장이 팽팽할수록 행과 행의 전환속도가 빠르고 생략과 압축의 미학이 더욱 살아난다.

필자는 그동안 지면을 통해서 3. 4회에 걸쳐 언급해온 諷詩調 시학에 대한 이론을 총괄하고 종합하여 주로 諷詩調의 형이상시적 유사성과 레토릭(rhetoric) 기법의 측면에서 접근해 보고자 한다.

1. 諷詩調의 순수한 통징

諷詩調는 일종의 풍자시의 성격을 띤 시라 하겠다. 풍자시의 사전적인 정의는 부정부패와 비리 현상과 모순 등을 다른 사물에 비유하여 폭로와 공격 일변도의 시를 말한다. 즉 풍자시라고 하는 한자가 풍자할 풍(諷) 찌를 자(刺)로 명시한 바와 같이 모든 죄악상을 어떤 사물로 빗대어 찔러 고통을 가하게 하는 일종의 보복성을 뜻하는 성격을 내포하고 있는 시가 대부분이다. 그러나 諷詩調에서 말하는 순수한 통징의 주된 목적은 諷詩調를 통해서 죄의 아픔을 느끼게 할 뿐만 아니라,

뉘우치고 돌이켜 새롭게 변화하게 하는 데 주력하는 시의 기능을 말한다. 다시 말하자면 죄의 부패성에 대해서 단순히 찌르고 고통을 가하게 하는 데 그치는 것이 아니라 메스를 가하고 수술을 함으로써 병을 낫게 하는 데 그 목적이 있음을 말한다.

그러나 여기서 주의 깊게 보아야 할 것은 수술을 가하되 고통을 없애게 하기 위해 마취제를 동시에 투여하는 방법을 취하고 있다는 사실이다. 즉 유머를 통해서 웃음을 주고 즐거움을 줌으로써 그 고언을 달게 받아들이고 소화시킬 수 있는 기능을 지녔다는 것이다. 諷詩調의 통징이야말로 우리의 뇌에서 일종의 모르핀이나 엔도르핀과 같은 호르몬을 분비하게 함으로써 무통수술을 하게 하고 오히려 미묘한 시적 희열을 주게 하는 절묘한 수술비법을 의미하고 있다. 諷詩調의 작가들은 이런 諷詩調의 순수한 통징의 특성을 숙지하고 이러한 순수한 통징의 기능을 살리는 데 노력해야 할 것이다. 諷詩調에서 이러한 순수한 통징이 살아있지 못한다면 그것은 諷詩調로서의 시적 역할을 다한 시라 볼 수가 없다. 諷詩調의 생명이 바로 여기에 있다 할 수 있기 때문이다.

참으로 諷詩調의 순수한 통징이야말로 오늘과 같은 종말론적인 징조를 토로하고 인류의 구원을 갈구하게 하는 시대적 사명의 성격을 띤 시라 하겠다. 현대사회는 갈수록 첨예한 양극화 조성으로 인한 양자구도의 대립상이 심화되고 있다. 오늘날 정치 경제 사회 문화 선반에 걸친 인류사회의 갈등과 분쟁이 바로 이런 극단적인 양극화 현상에서 오는 결과라 하겠다. 그렇다면 현대시가 어느 때까지 이를 외면하고 오히려 음풍농월(吟風弄月)만을 일삼아야 하겠는가. 시가 인생문제로 깊이 들어가서 이런 양극화 문제를 해소하고 하나로 융합하는 화해와 일치의 시학으로 발전해가야 할 것이 아닌가. 그러한 의미에서 諷詩調 운동의 필연성이 강조된다.

더욱이 환경오염으로 인한 생태계의 훼손과 대기오염으로 인한 오존층의 파괴, 그리고 지구 온난화에서 발생하는 엘니뇨현상 등으로 인류의 생존 문제에 심각한 적신호가 켜있다. 이런 각박한 상황에서 탈출하기 위한 녹색시학 운동의 전면에 諷詩調가 자리하고 있음을 알 수 있다.

시인은 예언자적인 예리한 눈을 자지고 미래사회의 변화를 직시하면서 오늘의 잘못된 과오를 지적 감동을 통해서 깨닫게 하는 순수한 통징에 무한한 관심을 쏟아야 한다.

> 세상이 왜 이러나 유행병처럼 자살·자살·자살
> 마음 한 번 고쳐먹으면 살자·살자·살자가 되는데
> 뭐 그리 좋은 거라고 일편단심 자살이람
> — 박진환의 「뭐 그리 좋은 거라고」

한국인의 자살률이 OECD 30개 회원국 가운데 1위를 기록하는 불명예를 안고 있다. 연예계의 인기 스타들과 대기업의 총수들이 잇따라 자살을 하고 심지어 전직 대통령까지도 스스로 목숨을 끊음으로써 사회적 충격이 크다.

박진환 시인의 諷詩調「뭐 그리 좋은 거라고」는 1행의 자살·자살·자살이라고 하는 부정적인 죽음의 개념과, 2행의 '살자·살자·살자'라고 하는 긍정적인 생명의 개념을 양극구도로 서로 거꾸로 뒤집어 대치해 놓음으로써 기발한 위트와 유머를 돋보이게 한다. 이러한 諷詩調의 기능이야말로 격한 자살충동을 완화시켜 줄 뿐 아니라 생에 대한 강력한 의욕까지도 유발하게 하는 시적 감동을 가능케 한다. 여기서 諷詩調의 풍자 속에 담고 있는 간절한 회심에의 바람이 '마음 한번 고쳐먹으면'이란 말로 표현되고 있다. 이것이 바로 諷詩調가 지닌 순수한 통징의 힘이다.

> 피를 빨아 먹는 모기 잡는데 의견이 분분하다
> 정치가 어떻고 법이 어떻고 대통령이 어떻고
> 입으로 모기 잡나? F킬라를 뿌려야지
> — 박진환의「입으로 모기 잡나」

이 시는 그 제목부터가 웃음을 터트리게 하는 유머가 있어 마음을 끈다. 이 시 속에 감추어 있는 암시성과 시사성(示唆性)이 모기와 F킬라라고 하는 기발한 메타포를 통해서 큰 감동을 준다. 정계와 법조계의 부패상을 바로잡는, 즉 '피를 빨아 먹는 모기를 잡는데'에는 입으로 하는 설왕설래(說往說來)로써는 근절될 수 없다는 것이다. 특히 수사법 중에서 변화법의 하나인 '입으로 모기잡나?'라고 하는 설의법으로써 F킬라라고 하는 정답을 독자에게 물어 찾아내게 하는 레토릭으로써 스스로 개혁의지를 촉발하게 하는 순수한 통징이 돋보인다. 찌르고 자르고 쪼개는 메스질이 가해짐에도 불구하고 뇌에서 분비되는 모르핀을 통해서 즐거운 마음으로 웃고 수긍이 가능케 하는 회심과 변혁의 비법이 있다.

2. 諷詩調가 갖는 컨시트의 특색

형이상시의 컨시트(奇想, conceit)는 형이상시의 특징 중에서 가장 중요한 특징의 하나라 할 수 있다. 외견상 전혀 유사성이 없거나 상반되고 양극화된 사물이나 상황들을 재치 있고 기발한 방법으로 결합하여 소위 사무엘 존슨(Samuel Johnson)이 언급한 '부조화의 조화'를 이루게 하는 비유적인 수사법을 말한다.

그러나 諷詩調에서 보여주는 컨시트의 특색은 형이상시에서 말하는 그것과는 사뭇 다른 양태의 컨시트를 볼 수 있다. 3행시 구문의 생략적인 특성 때문에 행과 행, 낱말과 낱말, 심지어는 문자와 문자로부터 서로 상반된 사물이나 개념의 명칭과 발음 등을 찾아내고 거기서 특별한 의미성을 유추하여 또 다른 의미를 창출해내는 언어유희적인 기발한 컨시트를 선보이고 있다. 이런 관점에서 볼 때 諷詩調의 컨시트는 단순히 두 가지 사물이나 개념을 교묘하게 결합하여 뜻밖의 유사성을 찾는 기존의 형이상시의 컨시트와는 다른 특성을 지니고 있다고 하겠다.

> 대통령 국정평가 잘했다가 44.2% , 못했다가 41.1%
> 막상막하, 정치란 게 그래
> 上 뒤집으면 下 되고, 下 뒤집으면 上 되거든
> ― 박진환의 「物神時代・216」

　국민이면 누구나 알게 모르게 다 정치에 젖어 살면서 나름대로의 정치철학, 내지 생활철학을 가지고 있다. 그래서 3행에서 '정치린게 그래'라 토로한다. 이런 지적 깨달음을 풍자적으로 소화시켜 표현하기란 그리 쉬운 일은 아니다. 이런 이유 때문에 민감한 사안을 받아들여 유머로 웃어넘길 수 있고, 감동 받아 깨달음을 갖게 하는 諷詩調의 기법에 주목할 수밖에 없다. 그래서 諷詩調가 지적이며 문화적인 통징을 가져오게 하는 첩경이라 여겨진다.

　이 시에서 놀라운 기지의 발산은 2~3행에 있다.'막상막하, 정치란게 그래 / 上 뒤집으면 下 되고, 下 뒤집으면 上 되거든'에서 '막상막하(莫上莫下)'의 上과 下의 문자를 세웠다 뒤집었다 하면서 요동치는 정치판의 불안정성을 꼬집는, 재기(才氣)가 번뜩이는 컨시트를 선보이고 있다. 여기서 다만 上・下라고 하는 양극성의 문자를 가지고 세웠다 뒤집었다 하면서 엉뚱하게 결합한 결론이 「정치란게 그래」로 귀결한다. 이렇게 諷詩調의 컨시트는 동떨어진 개념이나 이미지를 결합하는 데 그치는 것이 아니라, 서로 상반된 단순한 두 개의 문자로써 새로운 제3의 개념을 형성하게 한다. 이런 관점에서

諷詩調의 컨시트는 보다 다양하고 발전된 성격의 것이라 볼 수 있다.

> 박지성·박주영의 꼴은 오 코리아
> OECD국 중 환경평가 맨 꼴찌의 꼴은 어이쿠 코리아
> 둘 다 꼴은 꼴이다마는 뒤에 꼴은 노꼴만도 못해서
> ― 박진환의 「物神時代·191」

지금 지구촌은 환경오염으로 인해서 점차로 죽어가고 있는 실정인데 우리나라가 OECD국 중에서 환경평가 최하위라 한다. 이 시에서는 이런 실정을 풍자적으로 꼬집고 있는데, 1~2행에서는 축구의 '꼴인'과 환경평가의 '꼴찌'란 서로 유사성이 없는 언어들을 관련 지위 '오 코리아'와 '아이쿠 코리아'라는 서로 반대되는 개념의 언어로 대비시켰고, 3행에서는 꼴찌의 '꼴'을 '노꼴'이라는 상충·상반되는 개념과 연관시킴으로써 '둘다 꼴은 꼴이다마는 뒤엣 꼴은 노꼴만도 못해서'라는 순발력 있는 기지(wit)를 보여준다. 동시에 더 나가서는 축구의 '꼴'과 환경평가 꼴찌라는 '꼴'의 두 글자들을 교묘하게 결합한 諷詩調의 컨시트의 진수를 보여주고 있다.

3. 諷詩調의 양극화 기법

또 한 가지 諷詩調에서 가장 두드러지게 나타나는 특징 중의 하나가 양극화 현상이다. 그러기 때문에 諷詩調의 컨시트

는 동떨어지고 상반된 가장 먼 거리의 양극성을 폭력적으로 결합하는 과정이나 패러독스와 아이러니의 양면성에서 오는 강한 텐션이 諷詩調로 하여금 그만큼 응축된 의미의 비유가 되게 한다.

걸핏하면 여·야 율사들 발목잡느니, 발목잡히느니 해쌌는디
뿌리치고 혼자만 가려고 하니 그러지, 동행해봐, 왜 발목잡나
잡혀 부러지면 목발신세 못면해, 발목 거꾸로 해봐 목발이지
— 박진환의 「발목 거꾸로 하면 목발이지」의 전문

분쟁과 불화의 결과가 발목이 목발로 바뀌는 기발한 발상, 곧 생명체를 비생명체로 둔갑시키는 대담한 컨시트의 수사법이 놀라움을 준다. 그 외에도 여·야 율사들, 발목잡느니 발목잡히느니, 발목과 목발 등의 양극화가 이 諷詩調 전면에서 팽팽한 긴장을 조성시켜주고 있다, 거기다가 본래 여·야가 대치하는 정치구도, 그것만으로도 양극의 역학관계를 유지하는 긴장상태인데 여기에 분쟁과 충돌이 생기면 발목이 목발이 되는 더욱더 팽팽한 긴장관계를 촉발한다. 그래서 이 諷詩調는 웃기면서도 여·야가 정치적 협력관계를 잘 유지해야만 나라가 산다는 통징적인 메시지도 담고 있는 시이다.

악법·약법, 청문회, FTA로 여·야 붙어도 한판 크게 붙겠다
탓하지 말 것이 싸워야 국회답지 잠잠하면 그게 더 두려워
마찬가지야, 아이들도 싸움질하면서 크지 않던가

― 박진환의 「아이들도 싸우면서 커」

이 諷詩調는 빈번히 일어나는 국회의원들의 성숙하지 못한 의결과정에서의 난투극을 한 마디로 꼬집은 시이다. 아이들이 싸우면서 커가듯이 국회의원들도 싸우면서 커가야만 하는가 하는 시인의 통탄이 곁들여있는 시이다. 가장 성숙해야 할 국회의원들과 가장 성숙하지 못한 나이인 어린이들의 양극현상을 동류부류로 간주하여 이질성 속의 유사성을 찾는 시인의 기지가 번쩍인다. 여기에는 양극간의 이질성이 유사성으로 바뀌는 과정에서 서로 잡아당기는 강력한 텐션도 드러나 있다. 「싸워야 국회답지」에서는 국회가 싸움판이 되어서야 되겠는가 하는 아이러니의 성격을 띤 레토릭도 있고 국회가 변화되기를 촉구하고 갈망하는 통징도 들어있다.

4. 諷詩調의 구조와 그 전환속도

형이상시에서와 마찬가지로 諷詩調에서도 생략된 구문을 씀으로써 의미의 탄력과 밀도를 더하게 하고, 또한 집약적 표현으로써 시의 단축을 꾀하는 기법을 강조한다. 그 결과 시 전개과정에서 그 전환 속도가 빨라지기 마련이다. 그래서 시의 구조가 3행시로 되어 있고 따라서 행의 길이가 짧으면 짧을수록 생략적 효과가 살아나서 함축성이 있는 시가 된다.

諷詩調는 평시조(平時調)와 같은 초장 중장 종장의 3행 형식의 구조이면서도 3장 6구 12음보의 정형시에 매이지 않은 자유시요, 동시에 평시조보다 더 빠르고 생동감이 있는 기승전결(起承轉結)의 전개가 있다. 따라서 諷詩調의 함축성과 텐션을 살리기 위해서는 될 수 있는 대로 행의 자수(字數)를 줄이고 생략하는 것이 좋다.

>   침묵이 金이라고? 순 구식
>   요즘 세상에선 말 잘해야 출세해
>   신식으론 침묵은 禁이야
>   — 박진환의 「침묵은 禁이야」

1행의 金이 3행에서는 禁으로 바뀐다. 1행에서 침묵은 金이란 말은 구식이요, 3행에서는 침묵이 禁이란 말로 바뀐 것이 신식이라는 것이다. '요즘 세상에선 말 잘해야 출세해'라는 새로운 진리(?)를 발견하고 시대와 더불어 급속히 변하는 처세술의 격세지감을 실토한 시라 하겠다. 또 이 시 속에는 침묵이 금(金)이었던 옛 시대가 참이요 말을 잘해야 출세한다는 현 시대가 잘못된 것이라는 시사성(示唆性)이 들어 있다. 諷詩調가 그 짧은 시로써 현시대의 많은 모순과 부조리를 다 압축하여 표현할 수 있는 것은 오로지 3행시 속에 짧은 행으로 모든 것을 소화시킬 수 있는 수용성(受容性)과 빠른 전환기능을 지탱할 수 있는 메커니즘에서 온 것이다.

>   銅臭에 코피터진 놈이

> 銅醉로 게워내는 주정
> 뭘 쳐다봐, 너나 나나 다를 것이 없는데
> — 박진환의 「物神時代·68」

　이 시는 銅臭와 銅醉를 병치하고 3행에서 '뭘 쳐다봐, 너나 나나 다를 것이 없는데'로 동류화((同類(化))시킨 해학적인 기법이 눈을 끈다. 銅臭란 말의 뜻은 돈으로 출세를 하려고 하거나 모든 것을 해결해 보려고 하는 물신주의자들을 낮잡아 하는 말인데 오늘날은 술로써 출세를 하려고 하거나 모든 문제를 해결하려고 하는 銅醉도 많다는 것이다. 銅臭와 銅醉의 내용이 담고 있는 절묘한 조화가 압축되어 이 짧은 諷詩調 한 편을 창구로 하여 오늘의 모든 시대상을 한 눈으로 볼 수 있다.

　그러나 풍조시에서 행의 자수를 줄이고 표현의 생략적인 효과를 극대화하려는 경제적인 언어구사는 아무나 할 수 있는 것이 아니다. 허다한 諷詩調에서 발견할 수 있는 것은 행이 짧으면 그 표현과 의미성도 부실한 경우가 많다는 것이다. 따라서 諷詩調는 자수(字數)를 최소화하면서도 그 함축성을 최대화할 수 있는 기법이야말로 바로 諷詩調의 완성도를 높이는 첩경임을 알게 된다.

맺는 말

　이상과 같이 諷詩調에서 보이는 수사법상의 기법이 형이상시의 그것과 유사한 점이 많다는 것을 알 수 있다. 그러나 그 구조적인 측면에서 볼 때 형이상시보다는 시가 짧고 컨시트도 형이상시보다는 언어유희의 측면에서 독특하고 문자유희의 면에서도 독보적인 경지를 보이고 있는 시라는 것이다. 諷詩調의 대부분이 명확한 양극화 구조로 되어 있고 상반되고 동떨어진 개념이나 사물을 결합하여 부조화의 조화를 이루고 있다. 또한 3행시의 짧은 시로서 생략적이고 압축적인 기법을 통해서 고도의 밀도감을 조성하기 위해 언어와 언어, 행과 행을 교합하여 전개되는 전환속도가 유달리 빠른 것도 그 특징 중의 하나라 하겠다. 이런 시의 특징 때문에 앞으로 諷詩調가 우리나라 문학의 한 장르를 이루고 발전하여 보다 큰 문학성을 발휘하는 날을 기대하여 마지않는다.

조선문학사시인선 1003

諷詩調詩集 · 490

풍간시초 · 6

2025년 11월 1일 인쇄
2025년 11월 10일 발행

지은이 / 박진환
발행인 / 박진환
펴낸곳 / 조선문학사
등록번호 / 1-2733
주소 / 03730 서울 서대문구 통일로 389(홍제동)
전화 / 02-730-2255
팩스 / 02-723-9373
E-mail / chosunmh2@daum.net

ISBN 979-11-6354-382-4

정가 10,000원

※ 인지는 저자와 합의 하에 생략
※ 잘못된 책은 서점에서 교환해 드립니다.